Rudolf Schneider

Ich werde Imker

Wissen für Neuimker

www.tredition.de

© 2019 Rudolf Schneider

Verlag und Druck: tredition GmbH, Halenreie 40-44, 22359 Hamburg

ISBN
Paperback: 978-3-7482-9810-6
Hardcover: 978-3-7482-9811-3
e-Book: 978-3-7482-9812-0

www.tredition.de

Inhaltsverzeichnis

Summ, summ, summ, Bienchen, summ herum.

Ei wir tun dir nichts zuleide,
flieg' nur aus in Wald und Heide.
Summ, summ, summ, Bienchen, summ herum.

Summ, summ, summ, Bienchen, summ herum.
Such in Blumen, such in Blümchen
dir ein Tröpfchen, dir ein Krümchen!
Summ, summ, summ, Bienchen, summ herum.

Summ, summ, summ, Bienchen, summ herum.
Kehre heim mit reicher Habe,
bau uns manche volle Wabe.

Summ, summ, summ, Bienchen, summ herum.

Mit diesem Buch wende ich mit an alle Interessierten, die sich mit dem Gedanken befassen Bienen zu halten.

Hierin beschreibe ich:

- meine Vorbereitungen und Gedanken zur Bienenhaltung
- meine Tätigkeiten vor und während der Bienenhaltung
- was neue Imker wissen und beachten sollten

Der Inhalt dieses Buches soll dazu beitragen, dass interessierte Personen erste Eindrücke von Bienen und dem Imkerwesen erhalten. Der Inhalt bietet ein Grundwissen für Neuimker und ist daher nicht allumfassend.

Ich wünsche allen interessierten Personen viel Freude bei der Lektüre und ermutige sie, sich für die Bienenhaltung zu entschließen. Sie tun der Natur und sich selbst etwas Gutes.

Ihr Neuimker,

Rudolf Schneider

Kapitel 1
Wie kam ich zu der Erkenntnis Imker werden zu wollen?

In den Jahren 2018 und 2019 wurde das Thema „Insektensterben" immer aktueller. Zwar warnte die Wissenschaft schon länger vor dieser Thematik, jedoch überlagerten andere wichtige Themen diese Warnhinweise.

Ebenfalls kritisch dürfte sich der Klimawandel auf die Natur und die Insekten auswirken. Eine stetige Zunahme der Erderwärmung verändert die Landwirtschaft und somit auch die Insektenwelt.

Beide Themen sind zusammenhängend zu betrachten. Sie verdeutlichen das Ausmaß der Problematik, denn Umwelt Klima und Insekten sind elementar für eine intakte Erde und somit für uns Menschen.

Diese Thematik ließ mich nicht mehr los und ich machte mir intensive Gedanken, welchen Beitrag ich leisten kann.

Was sind die Ursachen für das Insekten- und Bienensterben?
Veränderte Art der Landwirtschaft

Die Hauptursache ist menschengemacht. Eine stetig wachsende Erdbevölkerung erfordert eine immer größere Nahrungsproduktion und dies zu möglichst niedrigen Herstellungskosten. Um das zu erreichen, werden immer größere Monokulturen angelegt.

Betrachten wir zum Beispiel die Landwirtschaft in früheren Jahren. Die Landwirte erzeugten mehrere Nahrungsmittel gleichzeitig. Neben der Tierhaltung erfolgte der Anbau von Getreide, Obst und Gemüse. Um die Tierfütterung zu gewährleisten, wurde Heu und Stroh geerntet. Die Folge dieser Art der Landwirtschaft war eine vielfältige Landschaft. Gerade diese Vielfalt ist der optimale Lebensraum für die Insekten und vor allem für Bienen.

Seit den 80er Jahren hat sich die Art der Landwirtschaft jedoch zunehmend gewandelt. Kleinere Landwirtschaftsbetriebe fielen zunehmend weg. Die Nebenerwerbslandwirtschaft ist fast ganz weggefallen, da die gestiegenen Kosten für Dünger und Maschinen diese Art der Landwirtschaft unrentabel werden ließen.

Es entstanden immer mehr Großbetriebe, die sich auf ein Produkt spezialisierten, entweder auf die Tierhaltung oder den Anbau von Getreide, Raps oder anderen pflanzlichen Produkten. Die steigenden Kosten erforderten diese Spezialisierung und die Massenproduktion der Landwirtschaft. Nur so konnten wenige große Betriebe einigermaßen profitabel überleben.

Monokulturen bieten allerdings keinen geeigneten Lebensraum für die Insekten und die Folge ist ein stetiger Rückgang der Insektenvielfalt.

Einsatz von Pestiziden

Um zu verhindern, dass die Pflanzen nicht von Schädlingen befallen und vernichtet werden, wurden zunehmend Pestizide eingesetzt. Diese giftigen Pestizide haben leider auch negative Folgen für Insekten und Bienen.

So sehr man die Landwirte versteht, so sehr sollte man auch an die Natur und die Insekten denken. Hier sollten ungefährlichere Mittel eingesetzt werden.

Neben diesen beiden gravierenden Faktoren gibt es weitere Fehlentwicklungen, die zum Rückgang von Insekten und Bienen führen.

Notwendigkeit der Bienen und Insekten

Nachdem ich mich mit dieser Thematik beschäftigt hatte, wurde mir Mitte 2017 diese Problematik so richtig bewusst. Ich lebe in einer ländlichen Gegend und die Zahl der Insekten ist hier noch relativ groß. Leider muss ich zugeben, dass ich die Alarm-signale der Umweltwissenschaftler nicht wirklich ernst genommen habe. Mir fehlte zu diesem Zeit-punkt schlicht das Bewusstsein für diese Thematik.

Der Slogan „Ohne Bienen keine Menschen" ver-deutlicht die Dramatik, die dahintersteckt. Es ist richtig, dass ohne die Bienen und andere Insekten keine natürliche Bestäubung der Pflanzen stattfin-den kann. Ohne Bestäubung keine Reifung der Früchte und letztendlich keine Nahrungsmittel. Der Mensch ist in seiner Existenz damit bedroht.

Die einzige Alternative zur Insektenbestäubung wäre eine künstliche Art der Bestäubung zu finden oder verstärkt industrielle Ersatznahrung herzu-stellen. Jedoch stellt sich die Frage: Wollen wir das?

Ich glaube nicht, dass dies derzeit eine echte Al-ternative wäre. Die gesündeste Nahrung kommt di-rekt aus der Natur und so sollte es bleiben.

Meine Änderung der Einstellung zu diesem Thema

Wenn man sich verstärkt diesem ernsten Thema widmet, nimmt man erst den Rückgang der Insekten wahr. Man betrachte die heutigen Gärten in Wohngebieten. Statt Gemüsegärten und Bäumen nehmen gepflegte Rasen immer mehr zu. Ein wöchentlicher Rückschnitt des Rasens lässt keine Entwicklung von Blumen zu. Hinzu kommen noch hoch gezüchtete Blumen, die kaum noch eine Lebensbasis für Insekten und Bienen bieten.

Ich selbst bin, hier zugegeben, keine Ausnahme. Ich habe zwar ein Hochbeet, pflanze jedoch Pflanzen, die Insekten nur wenig Nahrung bieten. Salate und Kräuter haben keine Blüten und sind daher für Insekten wenig attraktiv. Ebenfalls habe ich einen Rasen und schneide ihn regelmäßig.

Ich beschloss zu diesem Zeitpunkt etwas für den Erhalt der Insekten und Bienen zu tun. Jeder kann etwas tun, auch wenn es nur Kleinigkeiten sind. Die Summe aller Kleinigkeiten summiert sich zu großen Veränderungen.

Ein kleiner Beitrag von mir ist, einen Teil meines Gartens insektenfreundlich durch die Anlage einer Blumenwiese zu gestalten. Ein kleiner Beitrag, der schnell und einfach umzusetzen ist und auch noch schön aussieht.

Wenn ein kleiner Teil des Rasens gezielt in eine Wiese, insbesondere eine Blumenwiese, umgestaltet wird, hilft dies den Insekten und Bienen. Zudem wirkt es vielfältiger und freundlicher als ein steriler Rasen.

Kapitel 2
Gedankliche Vorbereitung zur Imkerei

Imker zu werden setzt einen gedanklichen Prozess voraus.

Wichtige Punkte hierzu sind:

Habe ich Platz, um Bienen zu halten?

Welche zukünftigen Arbeiten kommen auf mich zu?

Habe ich dafür Zeit und den Willen dazu?

Welche Arten der Bienenhaltung gibt es?

Was muss ich über Bienen wissen?

In den nachfolgenden Kapiteln werde ich auf diese einzelnen Punkte eingehen. Ziel dabei ist es, interessierten Personen einen ersten Überblick zu vermitteln. Damit Neuimker erfolgreich sein können, bedarf es eines Grundwissens.

Kapitel 3
Platzbedarf für Bienenbeute

Viele glauben, dass man zur Bienenhaltung viel Platz benötigt. Das ist nicht richtig, denn für einen Bienenstand genügt auch sehr wenig Platz. Sogar in vielen Städten werden Bienenkästen auf Balkonen und Dächern aufgestellt. Dies zeigt, dass der Platzbedarf gering ist.

Es ist jedoch richtig, dass es besser ist, wenn man den Bienenstand auf einer größeren Fläche aufstellt. Ideal ist es, wenn man eine Wiese oder einen Garten zur Verfügung hat. Hier sind die Bienen ungestört und können sich frei entfalten. Der Vorteil bei Wiesen ist auch, dass es hier ein reiches Nahrungsangebot gibt, das den Bienen zu Gute kommt.

Nicht jeder verfügt über eine eigene Wiese. Wer einen eigenen Garten hat, kann dort ebenfalls Bienenstände aufstellen. Oftmals wird das Argument vorgebracht, dass die Bienen dann lästig und aufdringlich werden. Dies trifft nicht auf Bienen zu. Sie verhalten sich friedlich und kommen auch kaum in die Nähe von Menschen.

Wespen dagegen nähern sich oft Menschen, besonders wenn etwas Süßes oder Nahrhaftes auf dem Tisch steht. Sie haben keine Scheu vor Menschen und können auch aggressiv werden, besonders wenn man nach ihnen schlägt.

Bienen leiden unter diesem Vorurteil, dies aber zu Unrecht. Wer Bienen hält und sie in Ruhe lässt, kann den Bienenkasten ohne Bedenken im Garten aufstellen. Allerdings sollte ein bestimmter Abstand zum Nachbarn berücksichtigt werden. Hier ist das Nachbarschaftsrecht der jeweiligen Bundesländer zu beachten. Es schadet auch nichts im Vorfeld mit dem Nachbarn zu reden und dessen Meinung einzuholen.

Wichtig ist jedoch, dass der Standort des Bienenkastens nach dem Einzug der Bienen nicht mehr gravierend verändert wird, denn Bienen verlieren dann die Orientierung und finden nicht mehr in ihren Kasten zurück. Daher sollte vor dem Einzug der Bienen sehr sorgfältig überlegt werden, wo der Bienenstand aufgestellt werden soll.

Viele Imker bieten besondere Honigsorten an. Um dies zu erreichen, stellen sie den Bienenstand an besonderen Orten auf. Ein Beispiel hierfür ist Waldhonig. Der Bienenstand befindet sich dazu am Waldrand. Rapshonig erhält man, wenn der Bienenstand in der Nähe von Rapsfeldern steht. Diese Spezialisierung ist für den Neuimker jedoch unbedeutend und ist eher für erfahrene Imker wichtig.

Bienenhaltung in der Stadt

Wer glaubt in der Stadt ist Bienenhaltung nicht möglich und sinnvoll, der irrt. Wie anfangs bereits genannt, ist eine Bienenhaltung trotz geringem Platzangebot möglich. Viele Imker stellen ihre Bienenkisten auf Balkonen oder auf Dächern auf. Insbesondere bei Flachdächern ist das ein sehr guter Standort.

Auch das Argument, in den Städten gibt es nicht ausreichend Nahrung für Bienen, ist falsch. Gerade in den Städten gibt es viele Parks oder größere Grünflächen. Diese sind oftmals mit zahlreichen Bäumen und Blumen bepflanzt. Auch Verkehrskreisel im Straßenverkehr sind zunehmend mit Blumen und Sträuchern bepflanzt. Städteplaner sind oftmals verpflichtet, gewisse Grünflächen insektenfreundlich anzulegen und zu pflegen. All diese Maßnahmen tragen dazu bei, dass Bienen auch in Städten über ein großes Nahrungsangebot verfügen.

Ich habe meinen Bienenstand auf einer Wiese aufgestellt. Auf meiner Wiese stehen viele Obstbäume und auch ein Bach verläuft in der Nähe.

Zu beachten ist noch, dass der Bieneneinflug Richtung Süd-Ost ist. So scheint schon morgens die Sonne auf den Bienenkasten. Ideal ist es, wenn der Kasten nachmittags im Schatten steht. Gute Voraussetzung hierfür ist, den Bienenkasten unter oder in die Nähe eines Baumes zu stellen.

Kapitel 4
Welche Arbeiten kommen auf den Imker zu?

Dies kann nicht pauschal gesagt werden. Hier kommt es wesentlich auf die Art der Bienenhaltung an. Generell fallen aber bestimmte Arbeiten unabhängig von der Art der Bienenhaltung während des Jahres an.

Einsetzen der Bienen

Zunächst einmal erfolgt der Einzug der Bienen in die Bienenbeute (Beute steht für den Bienenkasten). Dies ist eine einmalige Angelegenheit und sehr interessant zu beobachten, wenn man die Bienen einlaufen lässt. Hier wird vor den Eingang der Bienenbeute ein Brett gelegt und der Bienenschwarm darauf ausgeschüttet. Die Bienen krabbeln dann über das Brett in die Bienenbeute, hier in meine Bienenkiste.

Eine Alternative zum Einlaufen ist das Einschütten der Bienen. Hier werden die Bienen mit einem kräftigen Schütteln in die Bienenbeute geschmissten.

Fütterung

Die Bienenfütterung ist zu bestimmten Zeiten notwendig.

Nach dem Einzug der Bienen in die Beute ist eine Fütterung unbedingt notwendig. Die Bienen müssen anfangs erst einmal Waben in den leeren Bienenkasten bauen. Das Sammeln von Nektar wird daher zunächst vernachlässigt. Will man die Bienen in dieser Anfangszeit unterstützen, ist eine regelmäßige Fütterung unerlässlich. Es genügt, wenn eine Fütterung in einem Abstand von ca. drei Tagen erfolgt, individuell kann es aber auch eines kürzeren Zeitraums bedürfen.

Gefüttert wird mit Zuckerwasser. Die Herstellung von Zuckerwasser ist sehr einfach. Auf 1 l Wasser erfolgt die Zugabe von 1 kg Zucker (Mischungsverhältnis 1:1). Der Zucker wird in heißes (nicht kochendes Wasser) eingerührt. Er setzt sich danach nicht wieder ab, auch wenn das Wasser wieder kalt wird. Das Zuckerwasser kann durch Zugabe eines Löffels Honig verfeinert werden. Hierzu sollte hochwertiger Honig verwendet werden.

In den Bienenkasten wird dann ca. 1 l Zuckerwasser gestellt, dies reicht für ca. drei Tage. Wichtig ist, dass die Wände des Gefäßes nicht zu glatt sind und dass sich im Zuckerwasser genügend schwimmende Teile befinden, da die Bienen sonst ertrinken würden. Korken von Weinflaschen eignen sich hierfür besonders gut.

Meine Art der Bienenhaltung:

Ich habe die Korken halbiert, damit sie eine größere Fläche bieten. Ebenfalls habe ich kleine Platten von Bienenwachs in das Gefäß mit Zuckerwasser gelegt. Viele Imker legen auch Stroh oder Heu in das Zuckerwasser, wichtig ist nur, dass die Bienen Halt finden, um nicht zu ertrinken.

Wer ein Plastikgefäß verwendet, sollte den Rand vor dem Einsatz mit Schmirgelpapier aufrauen; dies verschafft den Bienen einen besseren Halt. Für den Fall, dass Bienen in das Zuckerwasser fallen sollten, habe ich einen Wachsstreifen in das Plastikgefäß gestellt, über den die Bienen herauskrabbeln können.

Ebenfalls kann eine Winterfütterung erforderlich sein, denn in nassen und kühlen Jahren können die Bienen nicht genügend Wintervorrat anlegen. Will man vermeiden, dass die Bienen nicht während des Winters verhungern, erfolgt eine Zusatzfütterung im Spätsommer, nach der Honigernte. Die Winterfütterung sollte bis zum 21. September abgeschlossen sein. Das Winterfutter hat ein Mischungsverhältnis von 3:2; d.h. 3 kg Zucker werden in 2 l heißes Wasser eingerührt. Es sollten ca. 7-10 kg eingefüttert werden.

Gleiches kann in einem zu kühlen Frühling notwendig sein. Generell gilt jedoch, dass die Bienen in einem normalen Jahr einen ausreichenden Wintervorrat anlegen können und eine zusätzliche Winterfütterung dann nicht erforderlich ist.

Bienenvölker können bei Befall mit der Varroamilbe eingehen. Um dies zu vermeiden, ist eine Bekämpfung der Varroamilbe notwendig.

Der Befall mit der Varroamilbe betrifft fast jedes Bienenvolk. Es handelt sich um einen Parasiten, der die Bienen auf verschiedene Weisen schädigt und schwächt. Um die Anzahl der Milben möglichst gering zu halten, muss das Bienenvolk regelmäßig behandelt werden.

Ab Mitte Juli erfolgt die erste Behandlung mit Ameisensäure. Hierzu sollte 60-prozentig Ameisensäure verwendet werden. Diese wird mittels eines Verdunsters in die Bienenbeute gestellt. Durch die Verdunstung der Ameisensäure sterben die Varroamilben ab. Ca. vier Wochen später erfolgt dann eine zweite Behandlung mit Ameisensäure.

Ab November bis Anfang Dezember erfolgt eine abschließende Behandlung des Bienenvolkes mit Oxalsäure. Der Imker sollte zwischendurch prüfen, wie stark der Vorroabefall ist. Gängige Methoden sind die Puderzuckerzählung oder das Zählen der toten Milben auf einer Platte unterhalb des Brutraumes, der sogenannten Windel.

Die Varroabehandlung ist ein sehr komplexes Thema, mit dem sich der Neuimker sehr intensiv beschäftigen sollte.

Ich werde dieses Thema in einem späteren Buch ausführlich beschreiben. Neuimker können auch Rat bei einem erfahrenen Imker suchen.

Eine wiederkehrende Arbeit während des Jahres ist die Honigernte. Diese erfolgt in der Regel im Juni oder Juli. Hierbei entnimmt der Imker die vollen Honigwaben aus der Bienenbeute.

Um den Honig von dem Wabenwachs zu trennen, kann entweder eine Honigschleuder eingesetzt werden oder man lässt den Honig heraustropfen.

In letzterem Fall ist der Honigertrag jedoch geringer. Die meisten Imker setzen daher auf das Schleudern, allerdings ist die Anschaffung einer Schleuder mit hohen Kosten verbunden. Will man dies vermeiden, können mehrere Imker eine solche Schleuder gemeinsam anschaffen und nutzen.

Auch viele Imkervereine stellen eine Schleuder gegen ein geringes Entgelt zur Verfügung.

Meine Art der Bienenhaltung:

Ich werde auf den Einsatz einer Schleuder verzichten und lasse den Honig aus den Waben heraustropfen. Ich nehme einen geringeren Ertrag bewusst in Kauf. Beim Imkern nach dem Prinzip der Bienenkiste ist Schleudern nicht möglich. Hier wird auf den Einsatz von Zargen verzichtet.

Ein natürlicher Vorgang im Bienenvolk ist das Schwärmen. Dabei verlässt die alte Königin mit einem Teil der Bienen die Bienenbeute. Das restliche Bienenvolk zieht sich eine neue Königin aus den Weiselzellen (besondere Waben für neue Königinnen) auf. Obwohl dieser Vorgang natürlich ist, vermeiden viele Imker den Schwarmvorgang. Oftmals teilen sie hierzu das Bienenvolk vor dem Schwärmen auf oder vernichten die Weiselzellen. Der Hintergedanke dabei ist, die Schwächung des Bienenvolkes zu vermeiden.

Natürliche Schwärme fliegen auf Bäume und hängen dort in Traubenform. Diese Naturschwärme haben in der Regel keine großen Überlebenschancen. Wer solche Bienenschwärme findet, kann sie behalten oder einen ortsnahen Imker informieren. Dieser wird den Schwarm einfangen und in einen neuen Bienenkasten einquartieren.

Kontrolle

Viele Neuimker glauben, dass eine regelmäßige Kontrolle der Bienenbeute erforderlich ist. Dies ist nicht der Fall. Je weniger die Bienenbeute geöffnet wird, desto besser für das Bienenvolk. Die Bienenhaltung ist daher relativ einfach und mit wenig Arbeitsaufwand möglich. Eine regelmäßige Kontrolle des Bienenkastens von außen schadet jedoch nicht. Dadurch können Fehlentwicklungen im Bienenvolk vermieden werden.

Tipp:

Regelmäßige Kontrollen während der Fütterung in der Anfangszeit. Mir ist es passiert, dass die Bienen das Zuckerwasser im Honigraum anfangs nicht wahrgenommen haben. Um ein Verhungern des Bienenvolkes zu vermeiden, habe ich anfangs eine zusätzliche Außenfütterung vorgenommen. Diese wurde von meinen Bienen mit Freude angenommen. Somit habe ich neben der Innenfütterung eine Außenfütterung vorgenommen. Dies konnte ich nur aufgrund eines Kontrollganges feststellen.

Kapitel 5
Zeitaufwand und Verantwortung

Auch wenn die regelmäßigen Arbeiten während des Jahres gering sind, bedarf es eines gewissen Zeitaufwandes. Darüber sollte sich jeder Neuimker bewusst sein. Diese Arbeiten fallen auch zukünftig immer wieder an. Daher sollte sich jeder Bieneninteressent vorher die Frage stellen: „Habe ich ausreichend Zeit und Willen, um die erforderlichen Arbeiten dauerhaft zu erledigen?" Wer dies für sich verneint, sollte auf die Bienenhaltung verzichten.

Übernahme von Verantwortung

Bienen sind Lebewesen und als solche mit Respekt und Würde zu behandeln. Die Haltung von Bienen verpflichtet den Imker gegenüber den Bienen. Er hat alles Notwendige zu tun, um das Wohl der Bienen zu gewährleisten. Wer sich dessen nicht bewusst ist oder die Übernahme der Verantwortung verweigert, sollte ebenfalls keine Bienen halten.

Verantwortung bedeutet, dass die Bienen möglichst artgerecht gehalten werden, was bei allen Arten der Bienenbeute gegeben ist. Darüber hinaus muss der Imker auf die Gesundheit der Bienen achten. Dies ist gewährleistet durch eine gute Behandlung gegen die Varroamilbe. Der dritte Punkt ist, dass er für ausreichende Fütterung sorgen muss, wenn die Bienen nicht ausreichend Futter finden.

Kapitel 6
Die Art der Bienenbeute

Bild: Warré-Beute

Dies ist ein sehr umfassendes Kapitel und es gibt hierbei sehr unterschiedliche Ansätze, wie die Bienenbeute (Bienenkasten) aufgebaut sein sollte.

Ich unterscheide hier zwischen folgenden Arten der Bienenbeute:
- Magazin-Beute (Traditionelle Bienenbeute)
- Bienenkiste
- Warré-Beute

Zu diesem Thema habe ich mich bei der Überlegung, wie ich imkern möchte, sehr lange beschäftigt. Zunächst werde ich die einzelnen Arten der Beute beschreiben und dann meine persönliche Wahl begründen.

Magazin-Beute (Traditionelle Bienenbeute)

Diese ist die häufigste Form des Bienenkastens. Die Beute besteht aus zwei übereinanderstehenden Teilen. Im unteren Teil befindet sich der Brutraum, im oberen Teil der Magazin-Beute ist der Honigraum. Die Magazinbeute verfügt über einen Boden und ein Dach als Regenschutz.

Die Magazin-Beute zeichnet sich dadurch aus, dass in dem jeweiligen Teil Zargen enthalten sind. Diese geben den Bienen vor, wie sie ihre Waben bauen können.

Die Honigernte erfolgt bei der Magazin-Beute durch Schleudern der Honigzargen.

Vorteile der Magazin-Beute:
- Zargen können leicht entnommen und ausgetauscht werden.
- Leichte Kontrolle des Brutraums und des Honigraums
- Bienen bekommen den Bau der Waben

vorgegeben
- weit verbreitet und daher besser vergleichbar mit Erfahrungen anderer Imker

Nachteile:
- unnatürlicher Wabenbau der Bienen
- Effektivität der Honiggewinnung geht zu Lasten der Gesundheit des Bienenvolkes
- Anschaffung einer Schleuder notwendig

Bienenkiste

Hierbei handelt es sich um eine alternative Form der Bienenbeute. Die Bienenkiste hat ebenfalls ei-

nen Brutraum und einen Honigraum. Diese sind jedoch nicht übereinander angeordnet, sondern hintereinander. Vorne ist der Brutraum, hinten der Honigraum.

Innenraum Bienenkiste:

Hier sieht man die Bienen im vorderen Brutraum der Bienenkiste.

Das besondere Merkmal der Bienenkiste ist, dass sie im inneren keine Zargen hat. Es sind lediglich sogenannte „Anfangsstreifen" vorhanden. Hierbei handelt es sich um Wachsstreifen, die zwischen zwei Holzleisten geklemmt werden. Diese werden im Brut- und Honigraum eingehängt.

Die Bienen bauen dann die Waben, von diesem schmalen Anfangsstreifen ausgehend, frei nach unten. Die Anfangsstreifen haben die Aufgabe, dass der Bau der Waben relativ gerade verläuft. Ohne Anfangsstreifen würden die Waben krumm und ungeordnet verlaufen.

Im Honigraum herrscht das gleiche Prinzip: Es werden ebenfalls Anfangsstreifen mit kurzen Wachsstreifen angebracht. Die Bienen bauen an diese Wachsstreifen ihre Waben.

Um die Bienenkiste zu öffnen, muss man sie nach vorne kippen, so dass sich der Boden oben befindet. Dies gelingt relativ einfach. Der Boden wird dann entfernt und man kann ins Innere der Bienenkiste sehen.

Im Gegensatz zur Magazin-Beute ist der Honigertrag geringer; ca. 15 kg pro Volk. Dies liegt daran, dass kein Schleudern möglich ist. Da keine Zargen vorhanden sind, können die Waben auch nicht entnommen und in der Schleuder angebracht werden.

Vorteile der Bienenkiste:
- natürlicher Aufbau der Bienenbeute
- Bau der Waben muss durch die Bienen selbst erfolgen
- relativ einfache Bienenhaltung

Nachteile:
- aufwendiger Öffnungsvorgang im Gegensatz zur Magazin-Beute
- relativ selten im Vergleich zur traditionellen Bienenhaltung

Warré-Beute

Diese Art der Bienenhaltung ist benannt nach dem französischen Geistlichen Émile Warré. Er hat sich sehr intensiv mit der optimalen Bienenhaltung beschäftigt und daraus seine Bienenbeute entwickelt.

Der Aufbau ähnelt dem Prinzip der Magazin-Beute, Brutraum und Honigraum befinden sich hier ebenfalls übereinander.

Der Unterschied zur Magazin-Beute besteht jedoch darin, dass ebenfalls keine Zargen, sondern nur Anfangsstreifen verwendet werden.

Die Maße der Warré-Beute sind genau vorgegeben und sollten nicht verändert werden. Sie entsprechen der optimalen Bienenbehausung. Die Beute wirkt wegen ihrer schmalen Bauweise und der relativen Höhe etwas wackelig. Um ein Umfallen zu vermeiden, kann sie mit einem Gurt befestigt werden. In der Regel ist dies jedoch nicht notwendig. Das Gewicht des Bienenvolkes verleiht der Beute Stabilität.

Vorteile der Warré-Beute:
- natürliche Art der Bienenhaltung
- gute Anordnung von Brutraum und Honigraum
- eine Honigschleuder ist nicht notwendig

Nachteile:
- muss evtl. mit Spanngurt gesichert werden
- weniger Ertrag, da kein Schleudern möglich ist

Nach welcher Art jeder imkern möchte, ist natürlich eine individuelle Entscheidung und sollte jedem selbst überlassen werden. Wer sich Imkervereinen anschließen will, wird wahrscheinlich mit der Magazinbeute imkern.

Ich habe mich für die Bienenkiste entschieden.

Meine Argumente dafür waren, dass

- ich die Bienen so artgerecht wie möglich halten will
- der geringere Honigertrag von ca. 15 kg im Vergleich zur Magazin-Beute (ca. 30 kg) mir genügt
- das Imkern mit der Bienenkiste weniger arbeits- und zeitintensiv ist.

Ich habe mir meine Bienenkiste selbst gebaut und das hat auch richtig Spaß gemacht. Wichtig beim Selbstbau ist, dass die Maße genau eingehalten werden müssen.

Kapitel 7
Die Bienenbeschaffung

Um Bienen halten zu können, ist es notwendig, sich einen Bienenschwarm zu besorgen.

Hierzu gibt es folgende Methoden:

- Kauf eines Bienenschwarms
- Einfangen eines Naturschwarms

Das Einfangen eines Naturschwarms ist eher zufällig. Man müsste zufällig einen Schwarm entde-

cken und ihn dann noch einfangen können. Naturschwärme sind aus einem Bienenstock entflogene
Bienen mit ihrer Königin. Das Schwärmen ist, wie
oben bereits beschrieben, ein natürlicher Vorgang.

Wer dennoch das Glück hat, einen natürlichen
Bienenschwarm zu finden, kann diesen einfangen.
Am besten geschieht dies mit einer Schwarmkiste.
Es bedarf jedoch einiger Erfahrung des Einfangens
eines Bienenschwarms.

Die bessere Alternative für Neuimker ist der
Kauf eines Bienenschwarms. In der Regel erfolgt
der Kauf bei einem Imker in der Region. Diese ver-
kaufen ihre Schwärme, wenn sie kein neues Volk
mehr benötigen. Wer das Glück hat, einen ortsnahen Imker zu kennen, kann die Qualität des Bienenschwarms gut abschätzen. Kontakte können aber
auch über Imkervereine geknüpft werden. Hier er-
fährt der Neuimker sehr schnell, wer Bienenschwärme verkauft.

Heutzutage erfolgen viele Käufe über das Internet, so kann man auch dort Bienenschwärme kaufen. Wer sich hierfür entscheidet, sollte auf den Verkäufer achten. Schnell hat man ein Bienenvolk gekauft, bei dem der Gesundheitszustand sehr fraglich ist. Hier ist Vorsicht geboten.

Ich habe über das Netzwerk der Bienenkiste.de einen Verkäufer gefunden und mich mit ihm in Verbindung gesetzt. Er hat mir das Volk vor dem Schwarmtrieb separiert und an mich verkauft. Der Kontakt zu einem erfahrenen Imker ist sehr vorteilhaft, kann man doch Rückfragen an ihn stellen. Für mich war dies die richtige Entscheidung.

Kapitel 8
Einsetzen der Bienen in die Beute und Anfangs-arbeiten

Der Bezug der Bienen in die Bienenbeute kann auf zwei Wegen erfolgen.

Der unspektakuläre Weg ist das Einschütten des Schwarms in die Beute. Dies ist kurz und unkompliziert. Der Schwarm wird dabei mit einem kurzen Ruck in die Bienenbeute geschüttet. Die Bienen beginnen dann unmittelbar mit der Erkundung der Bienenbeute und kurz danach mit dem Bau der Waben.

Die Alternative zu dieser Methode ist, die Bienen selbständig in die Beute einmarschieren zu lasen. Insbesondere bei der Bienenkiste ist dies gut möglich.

Der Bienenschwarm wird dazu auf ein Brett geschüttet, das zum Einflugloch führt. Über das Brett
wird ein weißes Tuch gelegt. Die Bienen wandern
nun über das Brett in die Beute.

Meine Art der Bienenhaltung

Ich habe mich für diesen Weg des Einlaufens entschieden und es war großartig, dieses Spektakel zu
erleben. Ich kann es nur jedem Neuimker empfeh-
len.

Kurz nach dem Bezug der Bienen beginnen diese mit dem Bau der Waben. Das Volk benötigt unbedingt eine schnelle Brut, damit es wachsen kann. Hierfür sind fertige Waben notwendig, in die die Königin ihre Brut legen kann.

Da das Volk anfangs geschwächt ist und noch über keinen hohen Futtervorrat verfügt, sollte eine Bienenfütterung in den ersten drei Wochen erfolgen. Je nach Wettersituation kann die Fütterung auch etwas länger dauern. Danach kann das Bienenvolk sich selbst versorgen.

Als Futter dient, wie oben beschrieben, Zuckerwasser mit einem Löffel Naturhonig.

Neben der Innenfütterung kann auch eine Außenfütterung erfolgen. Hier wird das Gefäß mit dem Zuckerwasser außerhalb der Bienenbeute aufgestellt. Jedoch besteht hierbei die Gefahr der Räuberei. Andere Insekten könnten sich ebenfalls daran bedienen, was die Futtermenge für die Bienen reduzieren würde.

Bei mir ist die Außenfütterung aber gut und ohne Probleme verlaufen.

Nach ca. drei Wochen verfügt das Volk über ausreichend Waben, um sich selbst versorgen zu können. In der Regel lässt das Wetter auch die ausreichende Futtersuche zu.

Eine weitere Fütterung würde die Bienen in ihrem natürlichen Verhalten schwächen, daher sollte dies unterbleiben.

Die Winterfütterung sollte ab August bis Mitte September erfolgen.

Kapitel 9
Imker-Zubehör

Es gibt Werkzeuge, die sind für Imker unerlässlich. Außerdem gibt es Schutzartikel, um Bienenstiche zu vermeiden.

Auch wenn ein Imker Bienenstiche aushalten sollte, können bestimmte Schutzvorrichtungen vor Bienenstichen schützen.

Hierzu zählen:
- der Kopfschutz
- Handschuhe
- weiße Kleidung

Diese Aufzählung ist nicht abschließend, dennoch sind die wichtigsten Schutzvorrichtungen darin enthalten.

Erfahrene Imker verzichten oftmals auf diese Schutzvorrichtungen, sie nehmen eventuelle Bienenstiche in Kauf. Neuimker sollten jedoch unbedingt die Schutzvorrichtungen nutzen, um die anfängliche Euphorie nicht zu verlieren. Es ist nur allzu menschlich, dass man die Lust an Sachen verliert, die wehtun, so verhält es sich mit Bienen und deren Stichen.

Der Kopfschutz

Hierbei handelt es sich um einen hutartigen Aufsatz mit einem dichtmaschigen Netz. Die Bienen können somit das Gesicht nicht erreichen. Gerade der Mund und die Nase sollte vor Bienenstichen geschützt werden.

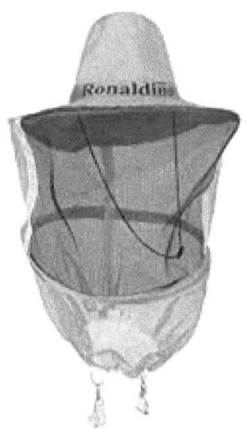

Wichtig ist, dass am unteren Ende des Bienenhutes das Netz zusammengezogen werden kann. Somit können keine Bienen eindringen. Neuimker sollten den Kopfschutz immer tragen.

Bienenhandschuhe

Hierbei handelt es sich um Handschuhe, die dick

genug sind damit der Stachel nicht durchdringen kann. Die Handschuhe sind mit einer Verlängerung versehen, deren Ende sich mit einem Verschluss an die Arme anpasst. Somit können keine Bienen in die Handschuhe eindringen.

Helle Imkerjacke

Oftmals ist die Jacke auch schon mit einem Gesichtsschutz verbunden. Ist dies nicht der Fall, sollte sie am Hals relativ eng sein, damit keine Bienen eindringen können.

Weiß ist deshalb besonders gut geeignet, da diese Farbe eine beruhigende Wirkung auf Bienen hat. Die Bienenjacke ist oftmals nicht notwendig; ein einfacher weißer Pullover oder Kittel erfüllen meistens den gleichen Zweck.

Ich verzichte auf eine spezielle Bienenjacke und meistens auch auf die Bienenhandschuhe. Den Kopfschutz sehe ich dagegen als wirklich unverzichtbaren Schutz vor Bienenstichen an und nutze ihn auch.

Imker-Werkzeuge

Bestimmte Werkzeuge erleichtern das Arbeiten mit den Bienen.

Hierzu gehören:
- Smoker und Rauchstoff
- Stockmeisel
- Handbesen
- Wabenzange

Diese stellen die Grundausrüstung dar, daneben gibt es weitere Werkzeuge, die für Imker hilfreich und nützlich sein können.

Smoker und Rauchzeug

Der Smoker und der daraus kommende Rauch dienen dazu, dass die Bienen sich in die Waben zurückziehen. Der Rauch signalisiert den Bienen, dass Feuer in der Nähe ist. Sie ziehen sich in die Wabenraum zurück und suchen dort Schutz. Der Imker kann somit leichter arbeiten und die Gefahr gestochen zu werden ist geringer.

Als Rauchzeug können spezielle Stoffe verwendet werden. Es können hier allerdings keine allgemeinen Aussagen getroffen werden, was das beste Rauchmittel bzw. Rauchduft ist.

Meine Art der Bienenhaltung:

Ich verbrenne immer leere Eierschachteln, das hat mir ein erfahrener Imker geraten. Es funktioniert hervorragend und kostet dazu noch eigentlich nichts.

Stockmeisel

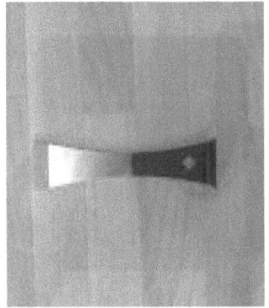

Der Stockmeisel ist für den Imker ein wichtiges und notwendiges Werkzeug. Die Öffnungen im Bienenkasten verkleben oftmals durch den Honig. Somit lassen sie sich nur sehr schwer lösen oder öffnen. Mit dem Stockmeisel werden diese Verklebungen gelöst.

Handbesen

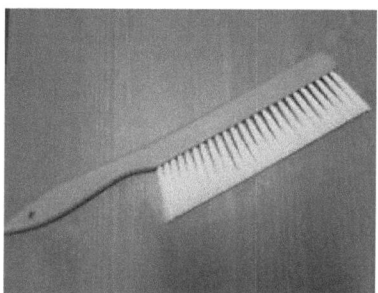

Damit können Zargen von Bienen abgekehrt werden. Mit dem Handbesen können aber auch andere Bienenansammlungen weggekehrt werden.

Wabenzange

Diese dient dazu, die Zargen zu greifen und herauszuziehen. Sie ist zwar nicht unbedingt notwendig, erleichtert jedoch die Arbeit.

Bei der Bienenkiste ist die Wabenzange nicht notwendig, da keine Zargen im Bienenkasten sind.

Honigschleuder

Diese ist die größte Anschaffung eines Imkers, denn sie ist mit Abstand das teuerste Werkzeug. Oftmals schließen sich mehrere Imker zusammen und kaufen gemeinsam eine Schleuder. Vielfach kann man sie auch bei Imkervereinen ausleihen.

Bei dem Prinzip der Bienenkiste ist keine Honigschleuder erforderlich, dafür ist der Honigertrag allerdings auch geringer. Somit kann ich mir den Kauf einer Honigschleuder sparen.

Kapitel 10
Honigernte

Die Honigernte ist das Entgelt des Imkers aus der Bienenhaltung. Der Honig wird zwischen Juni und Juli geerntet, denn danach müssen die Bienen wieder Honig als eigenen Wintervorrat anlegen.

Bei der traditionellen Imkerei werden die Zargen entnommen und der Honig mittels einer Schleuder gewonnen.

Bei der Bienenkiste und bei der Warré-Beute kommt eine Schleuder nicht zum Einsatz. Die Naturwaben werden zerkleinert und der Honig tropft dann aus dem Wabenbrei heraus.

Bei diesen beiden letzten Arten der Bienenhaltung ist die Honigernte deutlich geringer.

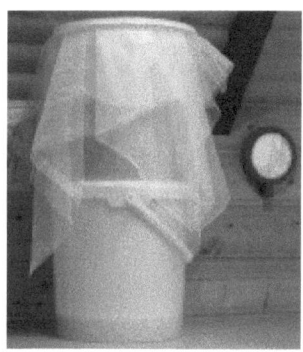

Im ersten Jahr sollte kein Honig geerntet werden. Das Volk ist im Aufbau und mit dem Bau der Waben sehr beschäftigt. Eine Honigernte würde den gesamten Wintervorrat aufbrauchen. Die Gefahr, dass das Volk im Winter an Hunger stirbt, ist dann sehr groß.

Der Honig kann für die Eigennutzung oder die Vermarktung genutzt werden. Für die Vermarktung des Honigs sind bestimmte Auflagen zu erfüllen. Hier wird auf die Erläuterung dieser Vorschriften verzichtet.

Der Naturhonig ist im Vergleich zu verdünntem gekauften Honig sehr aromatisch und wohlschmeckend. Diesen Genuss können die Neuimker im zweiten Jahr erleben. Ist er dann noch aus eigener Produktion, schmeckt er gleich noch viel besser.

Kapitel 11
Bienenfreundliche Pflanzen

Wer seinen Bienen oder den Insekten etwas Gutes tun möchte, pflanzt bienenfreundliche Blumen und Sträucher an. Entscheidend ist, dass die Pflanzen viel Blütennektar und Pollen enthalten. Ebenfalls sollte darauf geachtet werden, dass die Pflanzensorten zu verschiedenen Jahreszeiten blühen.

Wer einen großen Garten oder eine große Wiese hat, kann gezielt diese Blumen oder Sträucher pflanzen. Die Bienen sind hierfür sehr dankbar. Letztendlich kommt es auch dem Imker, durch eine reichliche und hochwertige Honigernte, zugute.

Sträucher und Blumen für den Frühling

Gerade im Frühjahr, wenn die Bienen in der Natur nicht ausreichend Nektar finden, sind frühblühende Pflanzen sehr wichtig.

Hierzu gehören:

Ahorn- und Apfelbäume, Kirsche, Johannisbeere, Löwenzahn, Schlehe, Krokus, Primel, Weide, Kastanie, Pfingstrose und Rosmarin.

Sträucher und Blumen für den Sommer

Im Sommer finden die Bienen in der Regel genug Nektar und Pollen. Dennoch können sie durch gezielte Anpflanzungen unterstützt werden.

Hierzu zählen:

Gurkenkraut, Ehrenpreis, Glockenblume, Himbeere, Brombeere, Klee, Wildblumen, Sonnenblume, Thymian, Waldrebe und Wicke.

Sträucher und Pflanzen für den Herbst

Diese Pflanzen bieten auch im Herbst viel Nektar und Pollen, somit finden die Bienen auch dann noch genug Nahrung.

Hierzu gehören:

Eisenhut, Herbstzeitlose, Thymian, Aster, Bienenbaum, Blutweiderich, Dahlie, Efeu und Oregano.

Pflanzen für den Winter

Diese sind nicht notwendig. Die Bienen fliegen zu dieser Jahreszeit nicht ins Freie, sie leben von ihren Vorräten.

Da die wenigsten Imker genug Platz haben, um alle Blumen und Sträucher pflanzen zu können, sollten sie sich auf wenige nektarreiche Blumen, Sträucher oder Bäume konzentrieren. Wer Platz hat sollte unbedingt eine Weide anpflanzen. Sie bietet den Bienen viel Nektar.

Eine Blumenwiese ist besonders interessant. Die Blumen bieten nicht nur viel Nektar, eine Blumenwiese sieht auch sehr vielfältig, bunt und interessant aus.

Ungefüllte Blütenpflanzen

Wichtig für bienenfreundliche Pflanzen ist, dass sie ungefüllte Blüten besitzen. Dies bedeutet, dass der Zutritt zum Inneren der Blüte frei ist. Bei Neuzüchtungen ist dies oftmals nicht der Fall; die Blüten sind oft durch die vermehrten Kron- oder Perigonblätter gefüllt. Die Bienen gelangen dann nicht an den Nektar und die Pollen. Hier spricht man von gefüllten Blüten.

Kapitel 12
Das Bienenjahr

Auch wenn die Bienenhaltung mit relativ geringem Arbeitsaufwand möglich ist, fallen gewisse Arbeiten im Jahresverlauf an. Wichtig ist, die Bienen bei ihrem artgerechten Verhalten zu unterstützen und die Honigernte rechtzeitig vorzunehmen. Für den Imker fallen zu jeder Jahreszeit gewisse Arbeiten an.

Zu Beginn des Frühlings erwacht das Bienenvolk aus seiner Winterruhe. Die Bienen, die seit sechs Monaten den Bienenkasten nicht verlassen haben, fliegen nun zum ersten Mal wieder raus in die Natur. Entscheidend für den Beginn des Ausfluges ist die Außentemperatur, sie muss über zwölf Grad Celsius liegen. Der erste Flug wird auch als Reinigungsflug bezeichnet. Die Bienen leeren ihre Kotblase, die während des Winters nicht geleert wurde.

Der Bien (Organismus des Bienenvolkes) erhält durch das Blütenangebot im Frühjahr einen schnellen Entwicklungsschub. Dies ist auch notwendig, da das Bienenvolk während der Winterruhe stark dezimiert wurde. Die Königin legt jetzt pro Tag bis zu 1500 Eier. Das Bienenvolk wächst wieder rasch an. Die neue Brut beginnt und um diese ausreichend versorgen zu können, muss das Bienenvolk stark wachsen.

Das Bienenvolk wird auch eine neue Königin heranzüchten. Die bisherige Königin verlässt dann mit einem Teil der Bienen die Beute, dies nennt man

„Schwärmen". Die Drohnen verlassen ebenfalls das Bienenvolk, um sich mit den Königinnen während ihres Hochzeitsfluges zu paaren.

Der Imker kontrolliert nach dem Flugbeginn das Bienenvolk. Ein Blick in das Innere des Bienenstocks zeigt ihm den Zustand der Bienen und des Bienenstaats.

Viele Imker möchten das Schwärmen vermeiden. Um dies zu erreichen werden gezielt die Weiselzellen (Brutzelle für neue Königin) vernichtet, somit wird keine neue Königin geboren und die bisherige Königin bleibt bei ihrem Volk. Es kann auch eine gezielte Teilung des Bienenvolkes vorgenommen werden, wobei die Königin und ein Teil der Bienen in eine neue Bienenbeute eingesetzt werden.

Sommer (Juli – September)

Die Sommerzeit wird von den Bienen genutzt, um sich auf den nächsten Winter vorzubereiten. Die Legeleistung der Königin nimmt wieder ab und das Brutnest wird wieder kleiner. Somit werden wieder

Wabenzellen frei.

Die Bienen sind jetzt damit beschäftigt viel Nektar in den Stock zu tragen und die freien Zellen mit Honig zu füllen. Die Drohnen werden von den Bienenarbeiterinnen aus dem Stock gedrängt.

Der Imker erntet zischen Juni und Juli den Honig. Hierzu entnimmt er die Zargen mit den Honigwaben (klassische Magazin-Beute) oder Waben an den Mittelstreifen (Bienenkiste). Die Honigentnahme darf nicht zu spät erfolgen, die Bienen müssen danach noch ausreichen Zeit haben, um einen hohen Futtervorrat anzulegen.

Im Juli und August werden Behandlungen gegen die Varroamilben durchgeführt.

Wenn die Bienen in der Natur wenig Nahrung finden, muss eine Winterfütterung vorgenommen werden. Dies kann eintreten, wenn der Sommer verregnet ist oder recht früh Kälte einzieht. Die Winterfütterung kann ab Mitte August beginnen und sollte spätestens bis ca. 21. September abgeschlossen sein.

Herbst (Oktober – November)

Der Bienenschwarm wird ab jetzt immer ruhiger und die Anzahl der Bienen ist stark zurückgegangen. Abhängig von den Außentemperaturen zeigen sich die Bienen gelegentlich außerhalb ihres Stocks. Wenn es früh kalt wird, müssen die Bienen die Temperatur im Stock auf 35 Grad halten, damit aus der letzten Brut die Winterbienen schlüpfen. Diese bringen das Volk und die Königin über den Winter.

Die endgültige Behandlung gegen die Varroamilbe erfolgt im November. Statt der Ameisensäure wird hier Oxalsäure verwendet.

Winter (Dezember – Februar)

Je kälter es wird, desto mehr müssen die Bienen zusammenrücken. Es ist wichtig, dass im Bien eine ausreichende Wärme herrscht, nur so kann das Bienenvolk überleben. Sie ernähren sich während dieser Zeit vom Wintervorrat, dabei verbraucht jede Biene von dem Vorrat so wenig wie möglich.

Der Winter ist für den Imker eine arbeitsfreie Zeit. Er kann sie nutzen, um neue Zargen oder eventuell neue Bienenkasten zu bauen.

Je mehr die Temperaturen fallen, desto enger müssen die Bienen zusammenrücken. Der Bien bildet eine Traube, die je nach Temperatur komprimiert bzw. lose ist. In der Mitte dieser Traube sitzt die Königin, die den wärmsten Platz hat. Um eine gerechte Aufteilung der Lebenserwartung zu ermöglichen, rotieren die Bienen so, dass sie abwechselnd außen und innen sitzen.

Register

Hier werden die wichtigsten Fachbegriffe erläutert. Es ist nicht umfassend, ich habe jedoch versucht das wichtigste Basiswissen zusammenzufassen und zu erläutern.

Ameisensäure

Die Ameisensäure dient zur Behandlung der Bienen gegen die Varroamilbe. Für die Behandlung wird eine 60-prozentige Ameisensäure verwendet.

Arbeiterinnen

Hierbei handelt es sich um weibliche Bienen. Sie sorgen dafür, dass das Volk erhalten bleibt. Sie schaffen Nektar und Wasser herbei, sie sorgen für den Nachwuchs und bauen die Waben. Jede Biene hat entsprechend ihrem Alter spezielle Aufgaben.

Lebenstag	Aufgaben im Bienenvolk
1. bis 3. Tag	Säuberung der Zellen, aus denen Bienen geschlüpft sind. Versehen der Zellen mit

einem dünnen Prospolisfilm, um sie für die

neue Eiablage der Königin herzurichten.

4. bis 5. Tag	Vorbereitung der Pollennahrung für die Larven und deren Versorgung.
6. bis 13. Tag	Futtersaftdrüsen sind nun im Kopf der Biene entwickelt. Versorgung der allerjüngsten Larven und Versorgung der Königin mit Futtersaft.
14. bis 16. Tag	Ausscheidung von Wachs, Bau von Waben und Verdeckeln der Brut.
17. bis 19. Tag	Wachbiene am Eingang des Bienenstocks. Vorbereitung zur Trachtbiene. Futtersaft- & Wachsdrüsen bilden sich zurück.
ab 21. Tag	Ausschließliche Tätigkeit: Sammeln von Pollen, Propolis, Wasser und Nektar

Bienen leben ca. 35 Tage

Imker haben daher spezielle Bezeichnungen für die jeweilige Tätigkeit der Arbeiterinnen. Diese sind:

Ammenbiene, Stockbiene, Baubiene, Wächterin, Flugbiene, Sammlerin und Kundschafterin, Spurbiene und Wasserholerin.

Bienen

Die Bienen gehören in die Gruppe der Insekten, speziell zu den Hautflüglern. Es gibt verschiedene Arten, hier wird jedoch von der Honigbiene gesprochen. In der Natur spielen die Wildbienen eine bedeutendere Rolle.

Bien

Bien bezeichnet man den Organismus des Bienenvolkes. Diese Gemeinschaft der einzelnen Bienen nennt man „Bien". Bien und Bienenvolk können als Begriffe gleichwertig genutzt werden.

Bienensorte

In Deutschland überwiegen die Bienenrassen „Buckfast" und „Carnica"

Die Buckfast-Biene ist eine friedliche und schwarmträge Biene.

Die Carnica-Biene ist ebenfalls friedlich und hat eine hohe Leistung beim Honigsammeln.

Bienenbeute

Der Kasten, in dem die Bienen sitzen, wird als Beute bezeichnet. Historisch siedelten sich die Bienen in hohlen Baumstämmen an. Imker halten die Bienen heute in Holzkisten, den Bienenbeuten. Zunehmend gibt es auch Beuten aus Plastik.

Bienenkiste

Die Bienenkiste zeichnet sich dadurch aus, dass sich der Brutraum und der Honigraum hintereinander befinden. Imkern mit der Bienenkiste entspricht eher dem ökologischen Prinzip. Die Bienen müssen die Waben hier selbst bauen.

Bienenkönigin

Jedes Volk hat eine Königin. Deren Hauptaufgabe besteht darin, Eier zu legen und somit für den Erhalt des Bienenvolkes zu sorgen. Sie ist größer als die Bienenarbeiterinnen. In ihrem längeren Hinterteil befinden sich Eierschläuche. Die Bienenkönigin wird auch als Weisel oder Stockmutter bezeichnet.

Bienentraube

Enges Zusammenrücken der Bienen in besonderen Situationen, z.B. Schwarmtraube oder Wintertraube.

Bienenweide

Hierunter versteht man eine Wiese mit bienengerechten Blumen. Sie wird auch Blumenwiese genannt. Diese dient aufgrund ihrer Vielfalt der optimalen Versorgung der Bienen mit Nektar und Pollen.

Drohnen

Drohnen sind männliche Bienen. Im Gegensatz zu den weiblichen Bienen sind sie größer und haben keinen Stachel. Sie dienen nur zur Befruchtung der Königin. Drohnen schlüpfen aus unbefruchteten Eiablagen. Die Königin entscheidet darüber, ob eine Eiablage befruchtet wird oder nicht. Aus den befruchteten Eiablagen entstehen Arbeiterinnen und Königinnen. Drohnen tragen nicht zur Nahrungsbeschaffung bei. Sie verlassen das Bienenvolk sehr schnell und begeben sich auf den Paarungsflug. Nach der Paarung sterben sie.

Gelée Royale

Dies ist ein Futtersaft, den die Ammenbienen aus dem Sekret Ihrer Kopfspeicheldrüsen zubereiten. Er wird an die Bienenlarven 3-4 Tage lang verfüttert. Die neuen Königinnen werden während der gesamten Aufzucht damit gefüttert.

Honig

Die Basis des Honigs ist Nektar und Honigtau. Beides wird von den Bienen gesammelt und schon vor der Einlagerung in Honig umgewandelt. Der Honig dient für die Bienen als Futtervorrat für den Winter.

Imker

Als Imker bezeichnet man die Person, die sich mit der Bienenhaltung beschäftigt und Bienenvölker besitzt.

Imkerhandschuhe

Dabei handelt es sich um Handschuhe mit einem verlängerten Armschutz. Dies soll verhindern, dass Bienen in die Handschuhe hineingelangen. Die Handschuhe verhindern Bienenstiche.

Imkerhut

Hierbei handelt es sich um einen Kopfschutz gegen Bienenstiche. In der Regel besteht er aus einer Kopfauflage, die mit einem feinmaschigen Netz umgeben ist, das am Hals zusammengezogen werden kann. Somit gelangen keine Bienen in den Kopfbereich. Oftmals sind die Imkerhüte in die Imkerjacke integriert.

Magazin-Beute

Die Magazin-Beute ist der klassische Bienenkasten. Sie besteht aus zwei Teilen, unten ist der Brutraum im oberen Teil befindet sich der Honigraum. Die Magazin-Beute hat zusätzlich einen Boden und ein Dach.

Smoker

Der Smoker ist ein Räuchergefäß. Der Rauch signalisiert den Bienen, dass es brennt, und sie suchen dann Schutz in ihren Waben. Der Imker nutzt den Smoker, um besser am Bienenstock arbeiten zu können.

Tracht

Unter der Tracht versteht man alles, was die Honigbienen in den Bienenstock eintragen. Dies sind Nektar, Pollen und Honigtau.

Trachtpflanze

Hierbei handelt es um Pflanzen, die besonders viel Nektar beinhalten und von den Bienen daher bevorzugt angeflogen werden.

Varroamilbe

Die Varroamilbe lebt als Parasit in Bienenstöcken. Der Befall kann verheerende Folgen für die Bienen haben, bis hin zum Sterben des gesamten Volkes. Um dies zu verhindern sollte der Imker Maßnahmen gegen die Ausweitung der Varroamilbe ergreifen. Wichtig ist die regelmäßige Kontrolle des Bienenvolkes, dies erfolgt meistens durch Zählen der Milben und Hochrechnung auf das Bienenvolk. Die „Gemülldiagnose" oder die „Puderzuckermethode" sind die beiden häufigsten Diagnoseverfahren, um den Befall festzustellen.

Die Behandlung erfolgt mit Ameisensäure, Milchsäure oder Oxalsäure.

Warré-Beute

Die Warré-Beute ist nach dem französischen Imker Warré bezeichnet. Er befasste sich mit einer möglichst naturnahen Imkerei. Brutraum und Honigraum befinden sich übereinander. Die Größenmaße der Beute sind exakt vorgegeben. In die Warré-Beute werden im Gegensatz zur Magazin-Beute keine Zargen eingesetzt.

Zarge

Die Zarge ist ein Holzrahmen, der den Bienen vorgibt, wie sie die Waben bauen sollen. Sie kann leicht entnommen werden. Insbesondere die Magazin-Beute muss mit Zargen gefüllt werden.

Zeitfracht Medien GmbH
Ferdinand-Jühlke-Straße 7
99095 Erfurt, Deutschland
produktsicherheit@kolibri360.de